skateboard

collection *EnMouvement*

ben powell

skateboard

Traduction et adaptation : Anne-Marie Courtemanche

 **Broquet**

97-B, Montée des Bouleaux, Saint-Constant, Qc, Canada, J5A 1A9
Tél. : (450) 638-3338 / Télécopieur : (450) 638-4338
Site Internet : www.broquet.qc.ca / Courriel : info@broquet.qc.ca

Catalogage avant publication de Bibliothèque et Archives Canada

Powell, Ben

Skateboard

(Collection En mouvement)
Traduction de : Skateboarding.
Comprend un index.
Pour les jeunes.

ISBN 2-89000-673-5

1. Planche à roulettes (Sport) - Ouvrages pour la jeunesse. I. Titre. II Collection.

GV859.8.P6914 2005   j796.22   C2004-941762-2

Pour l'aide à la réalisation de son programme éditorial, l'éditeur remercie : Le Gouvernement du Canada par l'entremise du Programme d'Aide au Développement de l'Industrie de l'Édition (PADIÉ) ; La Société de Développement des Entreprises Culturelles (SODEC) ; L'Association pour l'Exportation du Livre Canadien (AELC). Le Gouvernement du Québec - Programme de crédit d'impôt pour l'édition de livres - Gestion SODEC.

Pour la version en langue anglaise :
Ce livre a été publié sous le titre *Skateboarding* par Connections Book Publishing Limited et Axis Publishing Limited, Londres, 2003.
Conception : Axis Publishing Limited.
Textes et images : Copyright © Axis Publishing Limited, 2003.

Pour la version en langue française :
Broquet Inc.
Copyright © Ottawa 2005.
Dépôt légal - Bibliothèque nationale du Québec
1er trimestre 2005.

Imprimé à Singapour.

ISBN : 2-89000-673-5

Note de l'éditeur francophone : pour ce livre, nous avons volontairement retenu les termes anglais utilisés généralement par ceux qui pratiquent ce sport.

collection *EnMouvement*

skateboard

table des matières

introduction

Alors que tu crois avoir finalement atteint les limites de ce qui peut être fait sur une planche à roulettes ou de ce qui reste à découvrir, un événement survient qui fait éclater l'imagination et te rends complètement ahuri.

Warren Bolster, « Desert Discovery » Skateboarder, Vol. 3, No. 6 (Juillet 1977)

Tu sais ce qu'est le skateboard lorsque tu auras ce livre en mains. Tu as regardé le skateboard professionnel à la télévision et tu as été témoin de figures pouvant être exécutées sur une planche à roulettes ; tu as peut-être même joué à un jeu électronique qui promettait de révéler aux non initiés les secrets du skateboard. Peu importe où tu as d'abord fait connaissance avec la très répandue planche de bois sur roues, une chose est certaine : si tu n'as jamais roulé dans une rue achalandée, ou si tu ne t'es jamais faufilé dans la foule et la circulation, tout en étant noyé dans le bruit de la ville, tu n'as aucune idée de ce qu'est un skater.

Le skateboard est tout et rien à la fois. Il peut représenter toute ta vie ou n'être pas plus significatif qu'un moyen de transport agréable et peu coûteux. Tout dépend des limites de ton imagination.

Histoire

Les planches sur roulettes ont fait leur apparition au milieu des années 1950 dans les centres balnéaires californiens aux États-Unis. Les premières planches sur roulettes pourraient sembler très primitives pour les skaters contemporains. Ces planches rudimentaires étaient réellement les successeurs délabrés d'un mariage entre un wagon de course et les planches de surf en terre cuite. Les planches étaient beaucoup plus petites que leurs homologues contemporaines : les camions n'avaient pas la capacité de virer et les roues monopièce étaient faites d'argile ou de métal. Bien que le principe fondamental de « voyager sans se déplacer », ce qui inspire le skateboard contemporain, ait été évident pour ces planches d'autrefois, le trajet était beaucoup plus limité et simple que ce qui est apprécié par les patineurs modernes.

On retrouve les premiers groupes de skaters sur planche à roulettes dans une poignée de communautés de surf aux États-Unis, jusqu'en 1970, alors que plusieurs fabricants de jouets ont découvert la nouvelle « folie de la planche sur roulettes » et ont ainsi commencé la production en série de planches à roulettes. L'intérêt pour le skateboard a connu un essor dans le milieu des années 1970 alors que les médias commençaient à parler de ce nouveau sport, et les photos de skaters paraissaient dans les publicités et les journaux à travers le monde. Lors de l'ascension su skateboard, les skateparks personnalisés ont fait surface pour répondre aux besoins des skaters en leur procurant des répliques surveillées de virages et de pentes de la rue.

Le skateboard est vite devenu une entreprise lucrative alors que l'accompagnèrent les pièges des compétitions – de popularité, les champions, les professionnels et différents produits approuvés. En seulement deux décennies, le skateboard est passé d'un hobby artisanal à un sport demi-légitime; et il semble prêt à envahir le monde entier. Malheureusement, ce qui semblait si prometteur lors de l'émergence du skateboard s'est dirigé tout droit vers l'effondrement à la fin des années 1970. Les skateparks mal conçus ainsi qu'un équipement de sécurité inadéquat ont mené à une vague de poursuites et de fermetures de planchodromes. En 1980 (cinq ans seulement avant l'expansion), le skateboard était officiellement déclaré mort.

le retour aux racines

En fait, le skateboard vivait toujours. Les groupes qui restaient se sont retirés des feux des projecteurs et sont retournés dans les rues et des piscines d'arrière-cour d'où ils étaient venus. Alors que la plupart des fabricants d'articles de sport cessaient la production des planches à roulettes après l'effondrement du patinage, les patineurs se sont vus forcés de démarrer de petites entreprises et de fabriquer leur équipement. Des innovations dans le concept du patinage de base ont vu le jour pendant cette période où les skaters commençaient à améliorer la performance pour rehausser leur participation au monde du sport. De concert avec cette phase d'innovation technique commença une décennie d'exploration et d'invention en termes de manipulation de la planche à roulettes par le patineur. La plupart des figures présentées dans ce livre ont été inventées pendant cette période avant-gardiste de l'histoire du skateboard, au milieu des années 1980 jusqu'à la fin des années 1990.

Ironiquement, le grand crash a contribué à concentrer les avoirs des patineurs spécialisés et à leur donner la liberté de découvrir le potentiel du skateboard plutôt que de le tuer. Libéré des conventions des environnements personnalisés et de la compétition, le skateboard devint une divagation amorphe de sous-cultures et non pas le « sport » exempt de bavures envisagé par les entrepreneurs de la toute première émergence du patinage sur planches à roulettes.

Et nous voilà aujourd'hui. Le skateboard est partout et a finalement repris la place et la popularité dont il jouissait au milieu des années 1970. Le skateboard est peut-être nouveau pour toi, mais il a derrière lui une histoire complexe et longue , bien que l'on trouve peu de documentation à l'exception des revues spécialisées. Les expériences de cette histoire ont créé le skateboard tel que nous le connaissons aujourd'hui: ce n'est ni un sport ni un passe-temps, ni une forme d'art ni un jeu d'enfant, mais une activité avec des millions de participants et libre de toute règle quelqu'elle soit. Le skateboard c'est tout simplement: sauter sur ta planche et rouler. Cela est beaucoup plus sensé. Amuse-toi.

termes importants

positions

Il y a deux types de position dans le skateboard: pied gauche devant (régulière)
et pied droit devant (goofy). Ces termes
émanent du surfing et font référence au
pied qui dirige quand tu patines. Il y a
ceux qui vont pied gauche devant sur
leurs planches, et les autres qui s'élancent
avec le pied droit devant. Une position
semblera plus naturelle que l'autre, car la
nature attribue une position de la même
manière que certaines personnes sont
gauchères et d'autres droitières.

frontside et backside

Tout comme les noms des positions,
frontside et backside sont des termes
dérivés du surf pour décrire la direction du mouvement des skaters.
Frontside (avant côté) se rapporte à toute figure ou mouvement où les skaters font face à la
direction de leur déplacement.

RÉGULIER **GOOFY**

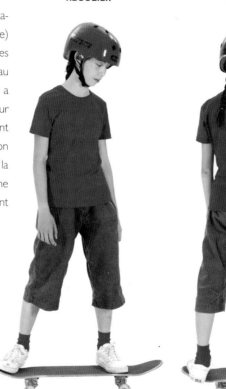

Backside (arrière côté) se rapporte à toute
figure ou mouvement où les skaters font
face contraire à la direction de leur
déplacement.

Pour comprendre ces deux termes,
imagine que tu es un surfer sur une vague.
Si tu tournes à la crête faisant face à la
vague, tu tournes alors en direction frontside. Si tu tournes le dos à la crête de la
vague, tu tournes alors en direction
backside.

changement de position

L'une des innovations les plus uniques dans
le skateboard fut la naissance de l'idée selon
laquelle les skaters pouvaient complètement
maîtriser leur position « contre nature » afin
de pouvoir faire de la planche aussi bien
d'un pied que de l'autre. Le concept du
switch-skating n'existait pas jusqu'au
début des années 1990. Différents
skaters professionnels de la rue, à
cette époque, (Mark Gonzales,

Natas Kaupas, Mike Carrol, et Henry Sanche parmi tant d'autres) ont décidé de réinventer le skateboard en annonçant sur des vidéos qu'il était bon d'apprendre à faire de la planche des deux façons. Le changement de position est un exemple de flexibilité fondamentale inhérente au skateboard et aide à rappeler à tous les skaters, débutants ou experts, que les possibilités de cet extraordinaire passe-temps sont illimitées.

QUELQUES TERMES DU SKATEBOARD

A

ACID DROP : rouler depuis l'extrémité d'un objet en exécutant le Ollie ou en touchant la planche avec tes mains.

B

BONED : pousser la planche à l'avant en pointant vers le bas. Effectué en vol.

C

CASPER : avec la planche renversée, place le pied avant sous la planche et le pied arrière à l'extrémité, en pointant la planche vers le ciel.

D

DELAM : briser un deck en ébréchant une couche de contreplaqué. La fine couche enlevée est appelée un « delam » et le nom est aussi donné à la marque laissée là où la couche était avant.

F

FAKIE : le nom donné au déplacement vers l'arrière sur ta planche.

FAT : signifie haut ou loin. Utilisé pour une figure de skateboard exécutée sur une grande distance ou une hauteur très élevée. S'épelle aussi « phat ».

H

HANDPLANT : une forme d'appui renversé où la planche est maintenue dans les airs soit par une main ou soit par un pied.

I

IMPOSSIBLE : une figure style libre inventée par Rodney Mullen. Consiste en une rotation de la planche autour d'un pied ou l'autre.

J

JAM : rassemblement de plusieurs skaters pour une session de skateboard.

K

KINK : un terme utilisé pour décrire les handrails. Le kink est un changement d'angle du handrail. Un handrail qui descend des marches et devient horizontal est un kink rail double.

M

McTWIST : un backside dans les airs de 540 degrés avec un mute grab. Inventé par Mike McGill.

Q

QUARTERPIPE : un côté d'une mini-rampe ou un vert, généralement moins large et que l'on retrouve dans les skateparks. Souvent utilisé pour accélérer sur un trajet dans la rue ou en pratiquant des figures sur une rampe.

R

ROCKANDROLL : figure exécutée sur une rampe. Grimpe jusqu'au nose et pousse l'axe avant au-dessus. Arrêtez-vous et après retournez 180 degrés vers la rampe.

composantes du skateboard

Le look du skateboard a très peu changé depuis les 30 dernières années. Certaines composantes ont été améliorées et mises à jour, mais les quatre pièces de base de la planche, les axes (trucks), les roues, et les roulements sont demeurés sensiblement les mêmes.

skateboard ou « deck »

La plupart des planches à roulettes sont fabriquées de feuilles de contre-plaqué laminées à l'aide de résines époxy qui collent les couches ensemble. L'arrière et la partie concave de la planche sont fabriqués grâce à des moules dans des usines de skateboard. La plupart des skateboards modernes mesurent environ 78 cm de long et entre 18 cm et 20 cm de large. La plupart des planches sont de forme assez symétrique, avec le nose (tête) et la tail (queue) pour faciliter un switch-skating régulier.

roues

Les roues de la planche sont faites de polyuréthane et viennent en dif-férents diamètres et lectures de dureté. Les roues souples ont plus de prise alors que les roues dures glissent plus facilement sur le sol et permettent aux skaters de glisser à volonté d'une direction à une autre. La dureté est déterminée par une lecture de duromètre. La plupart des roues de rue se situeront entre 90a et 110a sur le duromètre avec slalom, ou les roues de descente entre 65a et 85a.

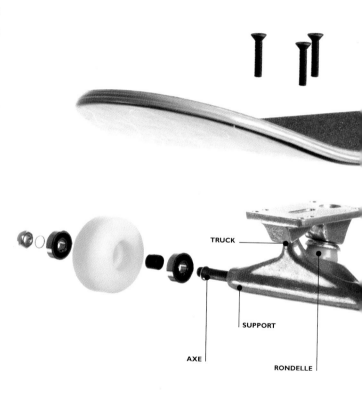

TRUCK

SUPPORT

AXE

RONDELLE

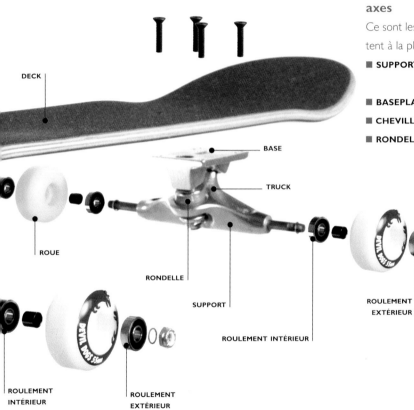

DECK

BASE

TRUCK

ROUE

RONDELLE

SUPPORT

ROULEMENT EXTÉRIEUR

ROULEMENT INTÉRIEUR

ROULEMENT INTÉRIEUR

ROULEMENT EXTÉRIEUR

axes

Ce sont les axes en métal sur lesquels les roues sont fixées et qui permettent à la planche de tourner en se déplaçant. Les axes comprennent:

■ **SUPPORTS :** arête aiguisée de métal qui abrite l'axe sur lequel les roues sont fixées.

■ **BASEPLATE :** fond en métal qui abrite le support.

■ **CHEVILLE D'ATTELAGE :** barre filetée qui maintient le support sur la base.

■ **RONDELLES :** œillets en uréthane qui entoure la cheville et permet à la planche de tourner d'un côté à l'autre.

roulements à billes

Ce sont des anneaux de métal remplis de petits roulements à billes et qui s'ajustent à l'intérieur des roues pour leur permettre de tourner. Les roulements de la planche ont un diamètre identique mais différent en qualité et paliers.

skateboard et sécurité

Le skateboard peut s'avérer très dangereux et pour les débutants et pour les skaters expérimentés à cause de la nature même de sa vocation. Malgré les mesures de précaution comme le port d'équipement de sécurité, certaines blessures courantes sont inévitables et font partie du processus d'apprentissage. Tout ce que tu peux faire est de minimiser leur gravité en observant ces simples règles.

Tout d'abord, les débutants devraient choisir un endroit approprié pour apprendre les rudiments. Trouve un endroit tranquille et plat et concentre-toi sur la maîtrise des techniques de base avant de tenter d'exécuter les tours décrits dans ce livre. N'utilise pas les skate-parks à moins de maîtriser suffisamment ta planche; un parc achalandé n'est pas l'endroit pour apprendre à pousser et à tourner. Si tu suis ces simples conseils, tu éviteras les principales causes de blessures des skaters inexpérimentés.

Ensuite, tu dois connaître les blessures les plus courantes et la façon de les traiter. En plus des coupures et ecchymoses, trois régions du corps sont susceptibles d'être touchées :

CHEVILLES : la blessure la plus courante chez les skaters est la « torsion de la cheville ». Ceci survient lors de la chute d'un skater et que tout le poids de son corps retombe sur le pied

et que la cheville est allongée. Surélève la jambe et applique de la glace sur la cheville pour diminuer l'enflure et évite de marcher sur le pied blessé jusqu'à disparition des ecchymoses et de la raideur. Cela peut demander du temps, mais tu dois permettre à tes muscles de guérir.

GENOUX : une autre région à risque. Les genoux devraient être protégés avec des genouillères et /ou des protège-genoux.

POIGNETS : tes poignets en prendront un coup, surtout lors de ton apprentissage. Des protège-poignets te protègeront des torsions et des cassures.

équipement de sécurité

Il y a quatre pièces principales d'équipement de sécurité conçues pour protéger les parties de ton corps les plus susceptibles d'être blessées en pratiquant le skateboard. Même si la plupart des skaters professionnels de portent pas d'équipement de sécurité, il serait sage que les débutants portent au moins l'une des quatre pièces de protection. Il te revient de décider .

La pièce d'équipement la plus importante après la planche, les chaussures devraient fournir des talons anti-glissants et un bon matelassage pour les talons.

Décide ce qui te convient le mieux. Évite toutefois le rembourrage trop épais car il gênera tes mouvements et rendra l'apprentissage difficile. Les protège-poignets et les genouillères sont probablement les seules pièces d'équipement de sécurité dont tu auras besoin en apprenant les bases du skateboard ; ce n'est cependant qu'une suggestion.

casques : sûrement la pièce d'équipement la plus importante car le casque protège le cerveau. Choisis un casque bien ajusté, avec une solide doublure en mousse et une mentonnière qui maintient bien le casque. La plupart des boutiques de skateboard offrent une sélection de casques de bonne qualité.

genouillères : en plus des protège-poignets, les genouillères sont l'une des pièces de protection le plus souvent utilisées. Elles sont doublées de néoprène, s'enfilent aisément, et s'attachent grâce à des sangles velcro à l'arrière des genoux. Il devrait y avoir une coquille de plastique sur ta rotule pour te permettre de glisser en tombant, et éviter ainsi que tes genoux subissent tout l'impact.

coudières : versions plus petites des genouillères qui protègent les coudes de la même manière. Elles ne sont nécessaires que si tu roules sur des rampes ou des faux-plats en béton. Assure-toi qu'elles soient bien ajustées.

protège-poignets : ce sont des bandeaux qui s'ajustent à tes poignets et qui sont portés par beaucoup de skaters, y compris les professionnels. Les protège-poignets t'empêchent de te tordre tes poignets si tu tombes et peuvent protéger les poignets faibles d'éventuelles blessures.

À l'achat d'équipement de sécurité, choisis des marques fiables. Assure-toi que le rembourrage s'ajuste bien et qu'il est maintenu par des courroies ajustables. Ton magasin local pourra te conseiller.

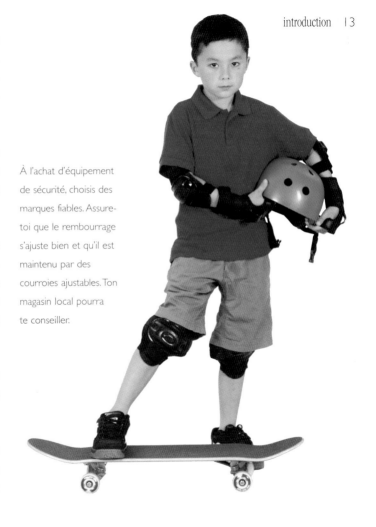

bon sens

- Choisis soigneusement tes endroits où rouler.
- Ne roule jamais près des routes ou de la circulation.
- Ne roule jamais dans la rue pendant le jour ou lorsque des gens y circulent.
- Trouve un endroit tranquille et uniforme pour apprendre.
- Trouve ton skatepark local et utilise la zone pour débutants avant de te lancer sur de plus gros obstacles .

- Si le skateboard est interdit à l'extérieur de certains immeubles, ou si un gardien de sécurité te demande de quitter, alors obtempère.
- Porte l'équipement de sécurité là où c'est nécessaire et connais tes limites.
- Roule prudemment.
- Certains états et plusieurs localités disposent de lois régissant le skateboard et l'utilisation d'équipement de sécurité dans les skateparks, surtout les parcs publics. Avant de rouler, vérifie les lois de ton état ou de ta localité.

suis le courant

Les images *EnMouvement* présentées dans ce livre ont été crées pour t'assurer d'une vision globale du mouvement – et non pas uniquement quelques aperçus. Chacune des séquences des images est présentée dans la page de façon bidirectionnelle, en démontrant les progrès de la technique et comment exécuter chaque tour (trick) de façon efficace et sécuritaire. Chaque technique est également expliquée en

détail avec des légendes étape par étape. Ensuite, une autre couche d'information dans la chronologie présente le déplacement en étapes clés, avec les instructions pour effectuer les différents mouvements. Les symboles des étapes comprennent également des instructions indiquant les temps de pause et les temps de déplacement uniforme d'une étape à l'autre.

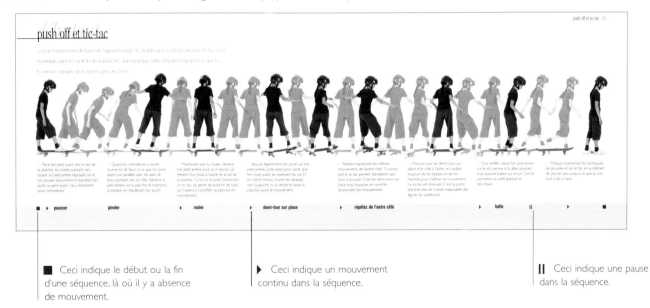

push off et tic-tac

Voici le mouvement de base de l'apprentissage du skateboard. La poussée et le tic-tac sont représentés grâce le contrôle de la planche, alors pratique cette séquence jusqu'à ce que tu te rendes capable que tu lancer dans les tricks.

■ ▸ **pousser**   **pivoter**   ▸ **rouler**   ▸ **demi-tour sur place**   ▸ **répétez de l'autre côté**   ▸ **halte**   ‖   ▸   ■

■ Ceci indique le début ou la fin d'une séquence, là où il y a absence de mouvement.

▸ Ceci indique un mouvement continu dans la séquence.

‖ Ceci indique une pause dans la séquence.

débutant

powerslide

Le powerslide peut être utilisé pour vérifier ta vitesse et pour immobiliser ta planche. C'est la meilleure façon de ralentir... En plus, ça t'évite de ruiner tes chaussures de skate en freinant avec tes semelles !

● Roule à une vitesse modérée. Retire un peu de poids de tes roues avant et fais le mouvement d'un kickturn, sans toutefois soulever les roues du sol. Tu dois forcer tes roues à glisser. Ton mouvement doit donc être ferme.

● Alors que tu commences à tourner, fléchis légèrement tes genoux et penche-toi vers l'arrière. L'objectif est de faire glisser tes roues sur une distance de 90 degrés pour que ta vitesse te force à déraper sur le côté.

● Penche-toi légèrement vers l'arrière, mais pas trop ! Sinon tu tomberas. Déploie tes bras pour te donner de l'équilibre et glisse vers l'avant alors que tes roues dérapent sur le sol.

Lorsque le glissement ralentit, commence à tourner tes épaules pour retourner à une position de roulement normale. Tu devras transférer ton poids de la position de glissement pour que le poids de ton corps soit de nouveau centré.

Fais glisser tes roues avant jusqu'à leur position originale et continue de rouler à une vitesse plus faible. Tu remarqueras aussi que les powerslide sont beaucoup plus faciles à réaliser quand tu roules vite.

Roule et prépare-toi à répéter le mouvement avec plus de vitesse. Les powerslide sont très forts en sensations. Lorsque tu les maîtriseras, tu sera un skater bien plus compétent.

Félicite-toi! Tu as accompli un superbe mouvement. Tu détiens maintenant le savoir-faire qui te permet de freiner sans bousiller tes godasses.

▶ **glisse** ▶ **ralentis** ▶ **roule** ▶ ■

débutant

push off et tic-tac

Voici le mouvement de base de l'apprentissage du skateboard. La poussée et le tic-tac sont essentiels sans le contrôle de la planche, alors pratique cette séquence jusqu'à ce que tu te sentes capable de te lancer dans les tricks.

● Place ton pied avant vers le nez de ta planche, les orteils pointant vers l'avant. Le pied arrière reposant sur le sol, pousse doucement et transfère ton poids au pied avant. Vas-y lentement pour commencer.

● Quand tu commences à rouler, tourne-toi de façon à ce que ton pied avant soit parallèle avec les axes, le bout pointant vers le côté. Ramène le pied arrière sur la planche et maintient la position en équilibrant ton poids.

● Maintenant que tu roules, ramène ton pied arrière pour qu'il repose carrément d'un bout à l'autre de la tail de la planche. Tu es sur le point d'exécuter un tic tac, un genre de kickturn de base qui t'aidera à contrôler ta planche en mouvement.

● Bascule légèrement ton poids sur ton pied arrière, juste assez pour sentir que tes roues avant se soulèvent du sol. Et en même temps, tourne tes épaules vers la gauche ou la droite et laisse la planche suivre le mouvement.

■ ▶ **pousse**　　　　　　　　**pivote**　　　　　　▶ **roule**　　　　　▶ **demi-tour sur place**

Répète maintenant les mêmes mouvements de l'autre côté. Tu verras que le tic-tac permet d'accélérer sans avoir à pousser. Évite les demi-tours sur place trop brusques et contrôle doucement tes mouvements.

Poursuis avec les demi-tours sur place d'un côté à l'autre, en t'aidant toujours de tes épaules et de tes hanches pour maîtriser le mouvement. Le tic-tac est étonnant. C'est ta porte d'entrée dans le monde inépuisable des figures du skateboard.

Pour arrêter, place ton pied arrière sur le sol comme si tu allais pousser, mais laisse-le traîner sur le sol. Ceci te permettra un arrêt graduel et sécuritaire.

Pratique maintenant les techniques de poussée et de tic-tac en accélérant de plus en plus jusqu'à ce que tu sois tout à fait à l'aise.

manual

Le manual roll ou wheelie est une des composantes clés de figures de skate des plus perfectionnées. Commence avec les manual roll (sur les roues arrière) puisque les nose manual exigent un plus grand équilibre et davantage de contrôle de la planche.

● Lorsque tu commences à ralentir, transfère ton poids sur ton pied arrière et abaisse tes roues arrière dans le sol à nouveau. Reste en équilibre sur ta planche.

● Bloque-toi en position nose manual avec tes bras et tes hanches. Regarde le sol devant toi et concentre-toi pour garder ton équilibre. Maintiens-le aussi longtemps que tu as une vitesse suffisante.

● Place ton pied avant au centre du nez de ta planche et ton pied arrière sur la queue. Transfère ton poids sur ton pied avant sans appuyer trop fort sur le nez. Alors que tes roues arrière se soulèvent du sol, étend tes bras et garde l'équilibre.

● Aborde le nose manual avec un peu moins de vitesse que le manual roll de base, du moins pour commencer. N'oublie pas que si tu racles le nez pendant que tu tentes de réaliser le wheelie, tu seras projetée de ta planche sur le sol.

Lorsque tu commences à ralentir, transfère ton poids sur ton pied avant et laisse tes roues avant s'abaisser lentement. Atterris avec les quatre roues au sol et veille à ce que ton poids soit de nouveau centré.

Lorsque tes roues avant se soulèvent du sol, étend tes bras pour t'aider à garder l'équilibre. Roule sur les roues arrière ; ta posture te maintient en position manual. Amuse-toi à rouler en tout équilibre.

Commence à transférer la majorité de ton poids sur le pied arrière et sers-toi de ton pied pour le contrôle. Transfère suffisamment de poids pour que les roues avant se soulèvent du sol, mais pas assez pour râcler la queue de ta planche pendant ton mouvement.

Roule en gardant les pieds en position ollie avec le pied arrière perpendiculaire à la queue et le pied avant juste avant les boulons de l'axe avant. Visualise le soulèvement des roues avant du sol pendant que tu roules.

boneless one

Tout comme le ollie, le boneless est normalement une des premières figures que tout nouvel adepte du skate apprend. Comme le no-comply, le boneless est un des seuls mouvements populaires qui n'implique pas un ollie. Pratique-le sur un sol plat et transpose-le ensuite sur tous les types d'obstacles, de la mini-rampe aux remblais plats.

Atterris sur les quatre roues et plie les genoux pour absorber l'impact de l'atterrissage. Replace-toi graduellement en position debout sur ta planche; utilise tes bras pour garder l'équilibre. Laisse-toi rouler.

Une fois que tes deux pieds sont bien posés sur la planche, sur les boulons des axes, il est temps de relâcher ton grab. Ce faisant, prépare-toi à retomber au sol et concentre-toi pour que ta planche demeure à niveau dans les airs.

Alors que ton saut atteint son sommet, fléchis le genoux arrière en ramenant ton pied avant sur la planche. Tiens-la fermement. Sinon, il te sera impossible d'y reposer ton pied. Assure-toi que les deux pieds sont bien positionnés sur les boulons des axes.

Donne-toi un élan avec le pied qui est à terre lorsque ta planche atteint la hauteur de ta taille, en continuant de tenir le rebord de ta planche.. Saute aussi haut que possible, laissant ton élan te guider.

Trouve ton équilibre avec ton pied à terre tout en tenant ta planche avec la main du côté opposé au pied à terre, ton pied arrière au-dessus de la queue. Commence à soulever ta planche vers la hauteur de la taille et prépare-toi à te pousser à l'aide du pied qui est par terre.

Prépare-toi à l'exécution du boneless en t'acroupissant et en visualisant l'endroit où tu poseras ton pied avant. Retire ton pied avant de la planche côté talon et dépose-le par terre. Penche-toi et agrippe le côté orteils.

Roule à une vitesse moyenne, le pied arrière fermement posé sur la queue et le pied avant juste derrière les boulons de l'axe avant. Il te sera peut-être plus facile de placer ton pied avant légère-ment du côté talon.

donne-toi un élan   ◀   **saute**   ◀   **pose ton pied**   ◀   ■

début

no-comply

C'est une des rares figures de rue qui ne s'inspire pas d'un ollie. Le no-comply est entré dans le vocabulaire des figures de skate dans le milieu des années 1980, après avoir été popularisé par Ray Barbee, le très réputé skater américain.

Visualise le soulèvement de la queue de la planche avec le no-comply plutôt qu'avec la technique du ollie. Roule avec ton pied arrière en travers du milieu de la queue et ton pied avant tout juste derrière les boulons de l'axe avant, avec ton talon légèrement en dehors de la planche.

Descend de ta planche avec le pied avant, laissant ton pied avant sur la queue. Alors que ton pied avant se pose sur le sol, ta planche s'inclinera davantage et tu devras la contrôler en bougeant ton pied arrière, pour compenser.

Ta planche devrait commencer à virer sur 90 degrés alors que ton pied avant touche le sol. Dès que tu sens ta planche se soulever, guide-la dans le bon sens en tournant tes épaules dans la direction souhaitée.

placer les pieds ▶ **pose ton pied** ▶ **soulève**

Alors que ta planche tourne presque de 180 degrés, saute avec ton pied avant et tourne ton corps pour te placer au-dessus de ta planche, face à la direction opposée.

Ramène ta planche à niveau avec ton pied arrière et saute en plaçant ton pied avant sur la planche, près du nez. Prend soin de comprimer l'impact et sers-toi de tes bras pour préserver l'équilibre.

Avec les deux pieds sur la planche au-dessus des boulons des axes, laisse-toi rouler à la façon fakie. Tourne les épaules et déplace-toi en kickturn pour te retourner jusqu'à ce que tu sois de face.

Laisse-toi rouler en pensant à ton prochain no-comply. Il existe plusieurs variantes à cette figure que tu pourras attaquer, une fois la technique de base maîtrisée.

▶ **donne-toi un élan**   ▶ **atterris**   ▶ **kickturn**   ▶   ∎

ollie débutant

C'est sans contredit la plus importante figure du skateboard aujourd'hui. Le ollie a été inventé au début des années 1980 par un skater américain du nom de Alan « ollie » Gelfand. Une fois le ollie maîtrisé, les possibilités du skateboard s'ouvrent réellement à toi. Tout, ou presque, devient alors possible.

● Le positionnement des pieds est essentiel au ollie. Place ton pied arrière sur le rebord de la queue et place ton pied avant juste derrière les boulons de l'axe avant. Pratique-toi à placer tes pieds de cette façon et à rouler avant de passer à l'étape suivante.

● Pendant que tu roules, fléchis tes genoux et accroupis-toi sur ta planche. Imagine que tu frappes ton pied arrière et la queue de la planche contre le sol tout en sautant une fraction de seconde plus loin. Ça t'aidera à maîtriser le timing de la figure.

● Frappe la queue contre le sol aussi fort que possible avec ton pied arrière. Tu devras l'essayer pour les affiner les détails, soit l'endroit où tu places ton pied arrière, puisque chacun réalise son ollie un peu différemment.

■ ▶   **roule**   ▶   **accroupis-toi**   ▶   **pop**

Dès que la queue se soulève du sol, saute vers l'avant. Le moment crucial du ollie n'est possible qu'avec la pratique. Pendant que tu soulèves vers le haut, place ton pied avant en angle et fais-le glisser sur la planche, jusqu'au nez.

Soulève maintenant ta jambe arrière pour niveler la planche avec ton pied avant. Tu dois te concentrer à garder la planche aussi droite que possible dans les airs, les pieds placés sur les boulons à chaque extrémité.

Alors que tu places ta planche de niveau dans les airs, ton ollie atteindra son apogée et tu commenceras à redescendre vers le sol. Encore une fois, concentre-toi pour garder la planche au niveau en tout temps.

Atterris sur les quatre roues et plie les genoux pour absorber l'impact de l'atterrissage. Conserve cette position jusqu'à ce que tu aies retrouvé ton équilibre et laisse-toi rouler. Tu peux maintenant te redresser.

▸ **ollie**   ▸ **nivelle**   ▸ **comprime**   ▸   ■

shove-it *débutant*

Le flatland shove-it (ou push-it) est une autre figure de rue de base qui ne s'inspire pas du ollie. Une figure facile à apprendre qui sert de base à des mouvements plus compliqués que tu aborderas éventuellement dans ton évolution de skater.

● Roule avec les pieds en position ollie, mais avec le pied arrière légèrement à l'extérieur de la planche côté orteils. Ceci t'aidera à pousser ta planche sur 180 degrés alors que tu sautes au-dessus d'elle.

● Accroupis-toi et transfères ton poids vers la queue, alors que ta planche réalise le shove-it grâce à ton pied arrière. Sens bien le rebord de ta planche avec tes orteils et prépare-toi à pousser sur ta planche, simultanément, vers le bas et vers l'extérieur.

● En gardant suffisamment de poids sur la planche pour l'empêcher de s'envoler trop loin, pousse la queue avec ton pied arrière et saute au-dessus de la planche. N'atterris que si tu vois la planche tourner sur 180 degrés de façon contrôlée.

■ ▶ **place tes pieds** ▶ **accroupis-toi** ▶ **pousse**

Tu devrais maintenant être dans les airs, au-dessus de ta planche, alors qu'elle s'apprête à réaliser une rotation de 180 degrés. Tente d'agripper ta planche avec ton pied avant lorsqu'elle a atteint la bonne position.

Lorsque ton pied avant se place sur la planche et arrête son mouvement, ramène ton pied arrière sur la planche et replace-le à la queue.

Comprime et absorbe l'impact de l'atterrissage avec tes genoux. N'oublie pas de recréer l'équilibre avec tes bras et tes épaules.

Redresse tes jambes et tiens-toi bien droit, les bras détendus sur le côté. Roule sur ta planche, le regard vers l'avant.

fakie ollie

La technique de base du fakie ollie est identique à celle du ollie régulier. La seule différence est que tu dois rouler à reculons. Le timing est donc différent.

● Roule à reculons à une vitesse modérée avec les pieds en position ollie. Tu préféreras sûrement que ton pied avant soit légèrement plus éloigné sur la planche pour réaliser le saut. Regarde droit devant et visualise le saut du ollie.

● Accoupis-toi comme pour un ollie normal. Fais rebondir la queue et saute vers l'avant simultanément. Tu dois te concentrer puisque le timing du fakie ollie est parfois difficile à atteindre, au début.

● Lorsque la queue rebondit et que tu commences à te soulever du sol, racle ton pied avant vers le haut comme tu le ferais pour un ollie régulier.

Soulève ta jambe arrière pendant que tu fléchis les genoux pour niveler la planche dans les airs, en t'aidant avec ton pied avant. Veille à ce que tes deux pieds soient sur ta planche, bien placés sur les boulons des axes.

Lorsque tu sens que ton fakie ollie atteint son sommet, concentre-toi pour réaliser un atterrissage équilibré. Contrôle bien la planche, avec l'avant anglé.

Atterris sur les quatre roues et plie les genoux pour absorber l'impact de l'atterrissage. Sers-toi de tes bras pour garder l'équilibre et éviter de tomber vers l'avant lorsque tu heurtes le sol.

Laisse-toi rouler à reculons. Même si le fakie ollie fait partie des figures de base, il est très difficile de le réussir puisque tu roules fakie. Continue de pratiquer, il deviendra de plus en plus facile.

▶ **relève la jambe**　　　▶ **contrôle**　　　▶ **comprime**　　　▶　　　■

nollie *débutant*

Le nollie est souvent le premier avant-goût du skateboarding avec changement de position.

Apprendre à faire du skate en changeant de position améliore grandement ton potentiel.

Place tes pieds en position fakie ollie mais dans le sens inverse. Laisse ton pied avant dépasser du nez, côté orteils, et garde le pied arrière au centre de la planche.

Accroupis-toi et prépare-toi à sauter. Tu dois visualiser le soulèvement du nez, en relevant immédiatement ta jambe arrière, un peu comme dans le fakie ollie. Le nollie est un peu difficile au début, mais devient plus facile avec le temps.

Frappe le nez de la planche au sol, comme dans une figure inspirée du ollie. Sers-toi de ton pied arrière pour contrôler ton ascension. Tu dois synchroniser parfaitement le saut, sinon tu ne pourras t'élever dans les airs.

Pendant que tu prends de l'altitude, sers-toi de ton pied arrière pour faire monter l'arrière de la planche et qu'il soit au même niveau que l'avant. C'est la partie la plus difficile du nollie. Tu devras te perfectionner pendant un certain temps avant d'en réussir un superbe !

■ ▸ **place tes pieds** **accroupis-toi** ▸ **pop** ▸ **saute**

 Tu devrais maintenant être au sommet de la figure, complètement à niveau dans les airs, tes pieds bien à plat sur la bande de retenue. Jette un coup d'œil sur l'endroit ou tu atterriras et maintiens ton équilibre.

 Lorsque ta descente vers le sol s'amorce, assure-toi de bien équilibrer ton poids sur les deux pieds. Guide la planche vers le sol et concentre-toi pour atterrir sur quatre roues.

 Comprime et absorbe l'impact de l'atterrissage avec tes genoux fléchis. Assure-toi que tes pieds sont sur les boulons des axes aux deux extrémités, ton atterrissage sera d'autant plus sécuritaire.

 Redresse tes jambes et reprend progressivement la position debout. Laisse-toi rouler.

▶ **nivelle**   ▶ **comprime**   ▶ **roule**   ▶   ■

ollie 180

Le ollie 180 est l'étape qui suit le ollie régulier. Comme c'est le cas de toutes les figures de skateboard, le ollie 180 peut être réalisé de l'arrière ou de l'avant, et la technique est semblable.

● Roule à vitesse modérée avec tes pieds en position ollie. Visualise le processus d'exécution d'un ollie et d'une rotation sur 180 degrés.

● Accoupis-toi comme pour un ollie normal et prépare-toi à faire sauter la planche. Sois prêt à tourner les épaules dès que tu es dans les airs et commence la première rotation de 90 degrés en quittant le sol.

● Fais sauter la queue et soulève toi. Pendant que tu t'élève dans les airs, soulève les bras vers le haut et tourne tes épaules pour être à 90 degrés de ta position de départ.

■ ▶   **roule**   ▶   **accroupis-toi**   ▶   **pop**

Lorsque tu atteins le sommet de ton ollie, commence la rotation de l'autre portion du 180 degrés. Tu dois tenter d'atterrir sur tes roues avant une fraction de seconde avant que les roues arrière touchent le sol.

Atterris avec les deux pieds sur la planche et pivote la dernière portion du 180 degrés avec les quatre roues au sol.

Équilibre-toi avec les bras et accroupis-toi pour absorber l'impact. Commence à te redresser pendant que tu roules.

Laisse-toi rouler fakie. Continue de pratiquer jusqu'à ce que tes ollies 180 soient aussi puissants et stylisés que tes ollies réguliers.

▶ **tourne**   ▶ **pivote**   ▶ **atterris**   ▶   ■

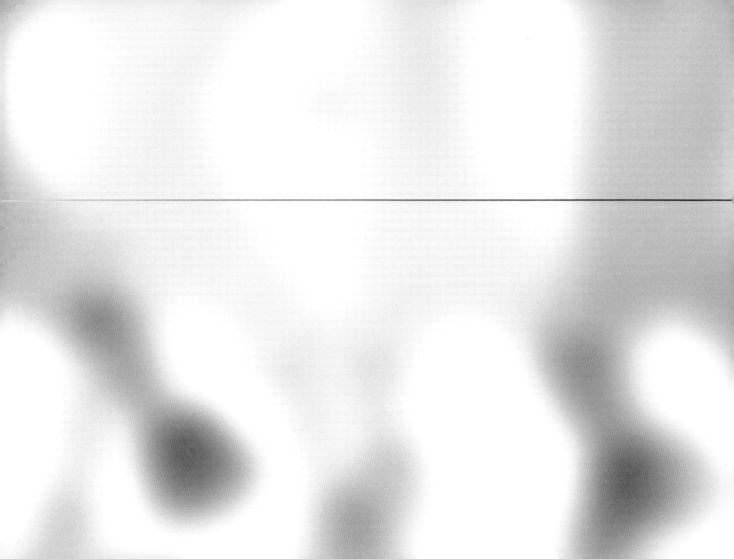

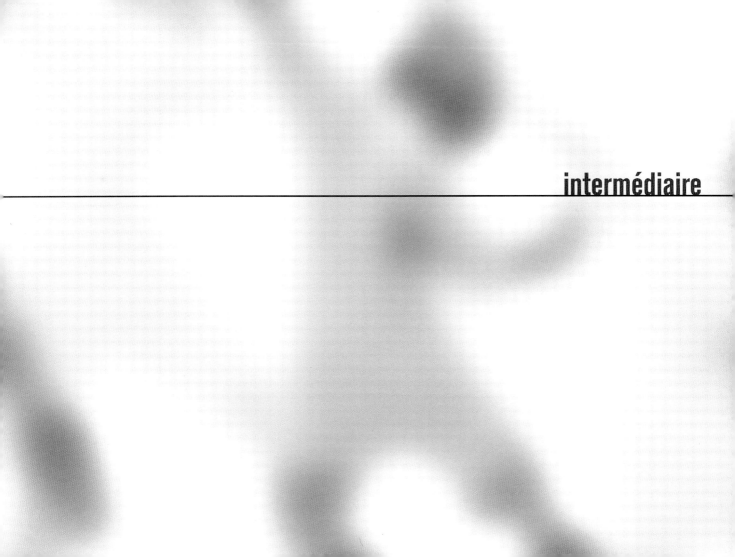

intermédiaire

intermédiaire
50 / 50

Le 50/50 est la plus simple de tous les tricks qui demandent de traîner les supports de métal de tes trucks d'un bout à l'autre d'un muret. Le trick tire son nom du fait que les deux axes sont en contact avec l'arête vive de la barre.

● Approche de la barre à vitesse modérée. Ceci demande de la vitesse, alors si tu approches trop longtemps, tes axes s'arrêteront net sur la barre. Positionne tes pieds en ollie et place-toi en parallèle à la barre.

● Acroupis-toi et effectue un grand ollie pour t'élever au-dessus de la barre. Tu dois redresser ton ollie avant d'entrer en contact avec la barre afin que les deux trucks atterrissent simultanément dans le 50/50.

● Atterris sur la barre, acroupis-toi et stabilise alors que tu bloques le grind. Assure-toi que tes deux trucks sont tout à fait en position de blocage.

● Penche-toi un peu vers l'arrière dans le grind et tiens-toi au sommet de celui-ci. Tu peux maintenant profiter d'un grind contrôlé aussi longtemps que tu peux maintenir ta vitesse.

Attention à l'extrémité de la barre lorsque tu te diriges vers elle et traîne un peu le pied afin d'exécuter un faible ollie quand tu arrives à la fin.

Penche-toi vers l'arrière sur la tail pendant que ton truck avant quitte la barre, mais ne te penche pas trop. Effectue le mouvement d'un ollie sans le pop complet de la queue, et cela devrait te permettre de dépasser facilement la barre.

Alors que tu sors de ton grind, assure-toi que ta planche est à l'horizontale. Atterris sur les quatre roues et plie les genoux pour absorber l'impact de l'atterrissage.

Tiens les jambes droites, détend tes bras et reprend la position debout en roulant.

▶ **préparation**   ▶ **lift**   ▶ **land**   ▶   ◼

backside boardslide

Le boardslide est généralement le premier bloc ou trick de barre qu'un skater apprend. À l'origine, ce trick a été inventé par les skaters en piscine, mais ramené aux obstacles de rue avec le ollie. Rappele-toi que les boardslides nécessitent une certaine vitesse pour exécuter le fond de ton deck slide.

● Étire en position debout et laisse tomber les bras sur les côtés. Roule tout en imaginant ton prochain boardslide.

● Comprime légèrement pour absorber l'impact et tourne lentement pour faire face à l'avant à nouveau.

● Tourne les épaules pendant que ta planche dépasse l'extrémité de la barre. Atterris sur les quatre roues en te déplaçant vers l'avant.

● Attention à l'extrémité de la barre alors que tu t'en approche. Visualise en tournant tes épaules et la planche à nouveau sur le sol.

Répartis ton poids entre les deux pieds. Sers-toi de tes épaules et de tes bras pour équilibrer ton slide et penche légèrement vers l'arrière. Maintiens ta position et glisse sur toute la longueur de la barre.

Tourne ton ollie en un 90 degrés afin d'être légèrement au-dessus de la barre et prépare-toi à garder ton équilibre. Assure-toi d'être bien au sommet de la barre, les pieds à un extrémité ou l'autre de ton deck.

Place les pieds en position ollie et sers-toi des bras pour t'aider à maintenir l'équilibre. Alors que tu approche de la barre, acroupis-toi et plie les genoux. Pense soigneusement à ton mouvement pendant que tu exécute ton ollie.

Assure-toi que ta montée soit assez longue pour approcher la barre à vitesse modérée. Une courte montée sera insuffisante. Alors que tu pousses vers la barre, concentre-toi sur le point où tu devras exécuter le ollie.

backside noseslide à fakie

Le noseslide fonctionne sur le même principe que le boardslide ; la seule différence est la partie de la planche que tu choisis pour glisser. Tout comme avec le boardslide, tu devras approcher le bloc à vitesse modérée afin d'exécuter le ollie.

● Approche le bloc à angle léger avec tes pieds en position ollie. Concentre-toi sur le point où tu exécuteras ton ollie.

● Recroqueville-toi et exécute le ollie assez haut pour que le nez soit tout à fait au-dessus du bloc. Tourne alors l'épaule et retourne la planche en un angle de 90 degrés.

● En étant dans les airs au-dessus du bloc, pousse ton pied avant pour que le nose se verrouille sur l'arête du bloc. Enfonce le pied et retourne les épaules afin de faire face à l'avant.

Maintiens ta position et tiens-toi sur le noseslide tout en guidant la slide avec ton pied arrière. Maintiens ta position afin de maîtriser ton slide.

Alors que tu approches de l'extrémité du bloc, tourne les épaules et le pied arrière. Assure-toi de donner une certaine fluidité à ce mouvement afin de pouvoir atterrir en douceur sur les quatre roues.

Tourne en un angle de 90 degrés quand tu sens que tu quittes le bloc et atterris loin du bloc. Comprime pour absorber l'impact de l'atterrissage.

Retourne en position droite, les bras sur les côtés, et roule en sens inverse à partir du bloc.

 slide   **tourner**   ▶ **rouler**

kickflip *intermédiaire*

Le kickflip est le mouvement de base dont dépendent toutes les autres variantes de kickflip. Pour devenir un skater

équilibré et chevronné, concentre-toi sur les mouvements de base avant de tenter des tricks plus élaborés.

Concentre-toi à effectuer un flick net sur la planche et attrape-la dans les airs avec ton pied arrière.

○ Roule à vitesse modérée avec tes pieds en position ollie. Tu devras incliner légèrement ton pied avant avec le talon de l'arête et tes orteils inclinées vers le nose.

○ Acroupis-toi et prépare-toi à faire sauter la tail. Tu dois imaginer le flick du pied avant vers le haut et l'extérieur alors que tu saute, afin de faire basculer la planche avec tes orteils.

○ Fais sauter la tail et bascule vers le haut et vers l'extérieur quand tu te sens quitter le sol. Tu dois sauter vers le haut afin que ton corps soit au-dessus de la planche quand elle se retourne.

○ Fais basculer l'arête de la planche avec la pointe du pied et regarde-la se retourner au-dessous de toi. Demeure au-dessus de la planche, les jambes à l'horizontale pour t'assurer de rattraper la planche à plat.

■ ▶ rouler ▶ pop ▶ flick

Surveille la bande de retenue alors qu'elle réapparaît sous tes pieds et que ta planche complète le tonneau. Tu dois bien te visualiser attrapant la bande de retenue avec les deux pieds sur les boulons du truck.

Attrape la planche et maintiens-la à l'horizontale. Alors que tu tombes vers le sol. Concentre-toi sur l'atterrissage sur quatre roues.

Comprime et absorbe l'impact de l'atterrissage. Sers-toi de ton bras pour maintenir l'équilibre.

Recule peu à peu sur ta planche et laisse tomber les bras sur les côtés. Roule vers l'avant. Pratique ce mouvement jusqu'à ce que ton pop et ton flick soient parfaits.

Le heelflip est en étroite relation avec le kickflip et est aussi à la base de plusieurs variantes complexes du heelflip. Cette technique ressemble à celle du kickflip, sauf que la planche est retournée grâce au talon avant et pivote dans le sens des aiguilles d'une montre.

Roule avec tes pieds en position ollie. Ton pied avant devrait traîner à côté de la planche le long de l'arête de la pointe du pied. Assure-toi que ton pied arrière soit bien placé pour faire sauter la tail.

Acroupis-toi et prépare-toi à sauter. Visualise-toi effectuant un ollie, et ton pied avant donnant un coup latéral vers le haut et le côté. Ce mouvement fera sauter la planche dans les airs et sa rotation. commencera. Maintenant, essaie.

Frappe la tail et fais basculer la planche avec le talon avant tout en sautant au-dessus de ta planche. Maintiens les bras étirés pour garder l'équilibre.

Demeure au-dessus de la planche et essaie de la garder à l'horizontale. Ramène ton pied avant vers la planche tout en te préparant à l'attraper.

Attrape la planche alors que la bande de retenue réapparaît au-dessous de toi. Sers-toi de ton pied pour maintenir la planche à l'horizontale alors qu'elle retombe au sol.

Comprime ton corps pour absorber l'impact. Effectue un atterrissage équilibré en répartissant le poids de ton corps sur les deux pieds. Vérifie que tes pieds soient au-dessus des boulons du truck.

Redresse tes jambes et retourne en position debout. Ralentis avec ton pied arrière jusqu'à arrêter.

▶ **attraper**　　　▶ **flotter**　　　▶ **land**　　　▶ ■

pop shove-it flip

Aussi connu sous le nom de « kickflip variable » qui est fondamentalement une combinaison du pop shove-it et du kickflip. Le trick implique des éléments des deux techniques et est un bon endroit où commencer l'apprentissage des autres variantes du kickflip.

● Place ton pied arrière sur la tail pour un pop shove-it et incline ton pied avant en position de kickflip. Roule à vitesse modérée.

● Accroupis-toi et prépare-toi à faire sauter la tail, soulève et renverse en même temps. Visualise ce processus en te préparant.

● Fais sauter la planche tout en soulevant. Alors que la planche commence son shove-it, replie tes orteils avant et fais renverser la planche pendant qu'elle effectue une rotation.

■ ▶   **rouler**   ▶   **pop**   ▶   **soulever**

La planche devrait à ce moment se retourner et pivoter à 180 degrés au-dessous de toi. Surveille la réapparition de la bande de retenue.

Alors que ta planche complète le flip, attrape-la d'abord avec ton pied avant. Tu dois l'attraper à plat dans les airs afin de pouvoir ramener ton pied avant.

Les deux pieds sur les boulons du truck, dirige ta planche vers le sol et maintiens-la à l'horizontale.

Comprime pour absorber l'impact de l'atterrissage. Redresse-toi en position debout et éloigne-toi.

half-cab kickflip

Deux tricks différents incorporés dans cette variante pour créer le half-cab kickflip. Tu devras d'abord pratiquer individuellement les kickflips et les half-cabs et combiner ensuite les deux techniques.

Roule à reculons à vitesse modérée avec tes pieds en position ollie et ton pied avant prêt à faire basculer ta planche.

Acroupis-toi et prépare-toi à faire sauter la tail tout en tournant à 180 degrés et en renversant. Il est bon de visualiser ce procédé avant de l'effectuer.

Fais sauter la tail et tourne les épaules dans le premier angle de 90 degrés de ton half-cab. Alors que ton tail frappe le sol, commence le flick de ta planche avec ton pied avant.

Alors que tu es dans les airs, tu devras encore être à 90 degrés environ, ta planche commençant un flip sous tes pieds. Essaie de te détendre et fais basculer la planche de manière décontractée mais puissante, car cela t'aidera à attraper la planche.

roll fakie   **pop**   ▶   **tour et flick**   ▶   **flip**

Demeure au-dessus de ta planche et attends que la bande de retenue réapparaisse sous tes pieds. Tourne les épaules lorsque la planche effectue son dernier 90 degrés.

Attrape la planche avec tes pieds sur les boulons du truck et dirige-la dans les derniers degrés du tour de 180 degrés.

Atterris sur les quatre roues en gardant tes pieds sur la planche. Comprime pour absorber l'impact.

Étire en position debout et détends les bras. Roule sur ta planche vers l'avant.

▶   attraper   ▶   land   ▶   ■

fakie kickflip

Ceci est une autre variante du kickflip de base. Le fakie clip inclut les techniques du fakie ollie et les bases du kickflip. Comme avec tous les fakie tricks, tu dois maîtriser le timing, alors, persévère.

Roule à reculons à vitesse modérée, avec tes pieds en position de kickflip. Visualise l'exécution d'un flip et te déplaçant à reculons.

Acroupis-toi et prépare-toi à faire sauter la tail, en te déplaçant fakie tout en poussant avec ton pied avant.

Fais sauter la tail et commence à faire basculer ta planche. Saute au-dessus de ta planche pour qu'elle se renverse sous tes pieds avec suffisamment d'espace pour effectuer une rotation.

Demeure à l'horizontale au-dessus de la planche et attends que la bande de retenue réapparaisse. Prépare-toi à attraper ta planche et assure-toi qu'elle est à l'horizontale.

Attrape la planche à l'aide des deux pieds et dirige-la vers le sol. Maintiens ton équilibre à l'aide des bras pour un atterrissage à reculons.

Atterris sur les quatre roues, comprime pour absorber l'impact, et incline légèrement au sol.

Une fois en équilibre, redresse les genoux et recule au-dessus de la planche. Roule en fakie.

▶ **flip**   ▶ **attraper**   ▶ **land**   ▶   ■

ollie hors rampe

Maintenant que tu as maîtrisé le ollie plat, tu peux te servir de tes connaissances pour la propulsion sur rampe. L'exécution d'un ollie sur une rampe te donnera beaucoup plus de hauteur et de temps dans les airs que sur un terrain plat.

● Roule à vitesse modérée vers la rampe, avec tes pieds en position ollie. Il est maintenant temps de visualiser le point de la rampe où tu voudras faire sauter la tail.

● Acroupis-toi et prépare-toi à à un ollie alors que tu remonte la rampe. Demeure accroupi et maintiens ta concentration en remontant la rampe.

● Vas-y d'un ollie dès que tu sens tes roues avant quitter l'arête de la rampe. Pousse-toi vers le haut et aide-toi de ta vitesse pour t'élancer dans les airs.

■ ▶ **rouler** ▶ **s'accroupir** ▶ **pop**

Dirige ton ollie avec les pieds et maintiens ta planche à l'horizontale. Demeure au-dessus de ta planche.

Demeure en équilibre à l'horizontale pendant que tu es dans les airs et maintiens ta position. Alors que tu commence la descente, demeure concentré et porte attention à ton point d'atterrissage.

Atterris sur les quatre roues et les deux pieds sur la planche. Comprime pour absorber l'impact de l'atterrissage.

Redresse les genoux et le corps, et recule sur ta planche. Roule.

one-footed ollie

Le one-footed ollie est une variante relativement simple du ollie qui peut être exécuté sur toutes sortes d'obstacles. Exécute ton ollie assez haut pour pour que ton pied puisse se dégager tout à fait du nose.

● Roule avec tes pieds en position ollie. Visualise ton pied avant se dégageant du nose de la planche au sommet de ton ollie.

● Accroupis-toi vers ta planche et prépare-toi à toucher le sol avec ton pied arrière et la tail.

● Fais sauter la tail et effectue un ollie aussi haut que tu le peux. Ramène tes bras à hauteur des épaules pour t'aider à garder ton équilibre.

■　▶　　　**rouler**　　　　▶　　　**s'accroupir**　　　▶　　　**pop**

Alors que ton ollie t'amène à l'horizontale, contine le mouvement de ton pied avant sur la planche et dégage-le de l'extrémité du nose.

Maintiens ta planche à l'horizontale à l'aide de ton pied arrière lorsque tu es dans les airs, ton pied avant dégagé de la planche.

Place ton pied avant sur la planche pendant que tu reviens vers le sol. Maintiens la planche à l'horizontale.

Accroupis-toi et atterris sur les quatre roues en gardant tes pieds sur les boulons du truck. Étire les jambes et le dos, détends tes bras, et roule.

▶ **kick out**　　　　▶ **horizontal**　　　　▶ **land**　　　　▶　　　　■

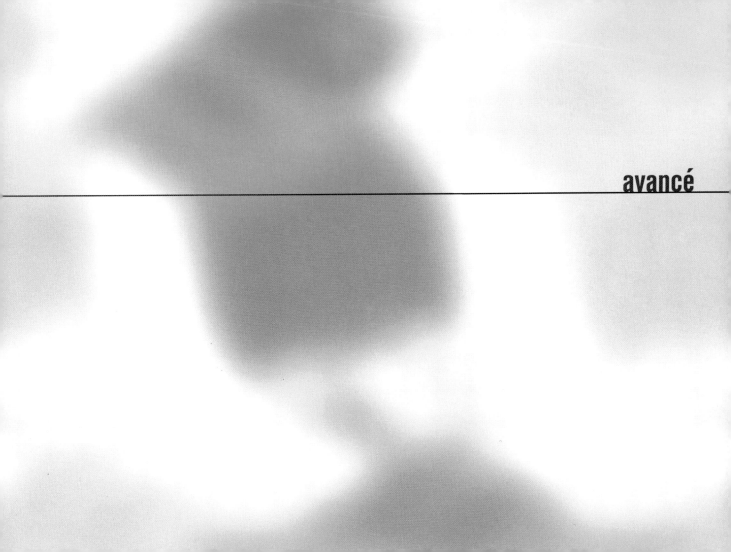

avancé

frontside lipslide

Une fois que tu as appris les figures de base impliquant de « slider » et de « grinder », tu peux travailler sur les nombreuses variations qui existent. Le lipside est semblable au boardslide de base ; à la seule différence que tu réalises un ollie au-dessus de la barre, pendant que tu glisses.

● Roule pour t'approcher de la barre à vitesse modérée. Assure-toi que tes pieds sont en position ollie.

● Accroupis-toi et prépare-toi à réaliser un ollie assez haut pour passer au-dessus de la barre. Visualise ton atterrissage au milieu de la planche, avec ton poids centré.

● Fais sauter la queue et commence à réaliser ton ollie. Tourne tes épaules pour que ton ollie effectue un virage de 90 degrés.

● Lorsque tu atteins la marque des 90 degrés, atterris sur la barre. N'oublie pas de te pencher légèrement vers l'avant, t'aidant avec tes bras pour garder l'équilibre.

■ ▶ **accroupis-toi** ▶ **pop** ▶ **atterris**

Commence à glisser, en te concentrant pour rester bien droit et pour garder tes jambes aussi droites que possible. Laisse ta vitesse te véhiculer le long de la barre.

Continue de glisser aussi longtemps que tu le peux. Rappelle-toi que plus tu glisses longtemps, plus tu deviendras confiant dans la réalisation de cette figure.

Lorsque tu approches de l'extrémité de la barre, commence à tourner tes épaules et tes hanches. Tu dois tourner ton corps pour atterrir en roulant vers l'avant.

Fléchis tes genoux pour absorber l'impact de l'atterrissage. Sers-toi de tes bras pour préserver l'équilibre. Redresse ensuite lentement tes jambes et laisse-toi rouler.

▶ **glisse**   ▶   ▶ **tourne**   ▶   **roule**

avancé
frontside 50

Cette figure s'inspire du 50/50 de base. Sers-toi de la même technique mais penche-toi

légèrement vers l'arrière pour atterrir et «grinder» sur l'axe arrière seulement.

● Lorsque tu t'approches du bloc à une vitesse modérée, veille à ce que tes pieds soient en position ollie.

● Accroupis-toi et prépare-toi à réaliser ton ollie tout en te concentrant pour obtenir un bel atterrissage sur l'axe arrière.

● Exécute un ollie qui soit suffisamment élevé pour te projeter sur le bloc et atterris en position manual roll avec l'axe arrière sur le rebord «grind».

● Sers-toi de tes bras pour garder l'équilibre et n'oublie pas de te pencher vers l'arrière pour réaliser le grind. Essaie de ne pas racler la queue car cela t'empêchera de grinder.

Bloque en position grind et laisse-toi porter le long du bloc. Garde l'équilibre.

Jette un coup d'œil à l'extrémité de la barre et prépare-toi à recentrer ton poids lorsque tu termines le grind.

Traîne tes pieds pour dégager l'extrémité de la barre et nivelle ta planche pour atterir sur les quatre roues.

Fléchis tes genoux pour absorber l'impact de l'atterrissage. Reprend ton équilibre, redresse-toi et laisse-toi rouler en douceur.

▶   **équilibre**   ▶   **grind**   ▶   **traîne**   ▶   ■

C'est une autre variante du grind 50 le plus simple. Les principales différences sont la position de ton corps et l'axe arrière sur le rebord «grind». Concentre-toi pour te bloquer en position feeble, soit une combinaison du grind 50 et des techniques boardslide.

● Approche-toi de la barre à une vitesse modérée et place-tes pieds en position sur ta planche pour exécuter un ollie.

● Accroupis-toi pendant que tu approches de la barre et prépare-toi à exécuter un ollie suffisamment haut pour passer au-dessus de la barre. Tu dois t'imaginer en position feeble car rester dans cette figure peut être difficile au début.

● Exécute un ollie lorsque tu es parallèle à la barre pour que l'axe arrière se verrouille sur la barre avec ton pied avant qui pointe vers le bas. Évite de trop te pencher vers l'avant ou vers l'arrière, sinon tu t'arrêteras net.

● L'axe arrière doit être bloqué en position feeble, avec ton pied avant qui pointe vers le sol de l'autre côté de la barre. Penche-toi sur l'axe arrière pour commencer à grinder. Sers-toi de tes orteils pour te diriger.

Bloque en position feeble et laisse-toi grinder le long de la barre sur l'axe arrière.

Alors que tu approches de l'extrémité de la barre, visualise que tu soulèves ton pied avant pour quitter la position de grind. Cette portion peut s'avérer difficile, jusqu'à ce que tu aies maîtrisé la figure.

Guide-toi vers le sol lorsque tu sens que l'axe arrière quitte la barre. Tente de garder ta planche de niveau alors que tu complètes la figure et atterris sur les quatre roues.

Atterris et comprime ton corps pour absorber l'impact. Sers-toi de tes bras pour garder l'équilibre, redresse-toi en position debout et laisse-toi rouler.

▶ **grind**   ▶ **transfère ton poids**   ▶ **atterris**   ▶ ■

avancé
frontside noseslide

C'est tout simplement la version frontside version du backside noseslide de base. Frontside signifie que tu glisses blindside, faisant face à la direction opposée à celle de ton déplacement. Tu verras, c'est un peu plus difficile de trouver l'équilibre lorsqu'on grlisse dans ce sens. Pratique-toi d'abord à te bloquer en position frontside noseslide. Tu développeras ta confiance envers la technique avant de tenter la figure avec vitesse.

● Nivelle ta planche et prepare-toi à atterrir sur les quatre roues, en roulant vers l'avant. Atterris, accroupis-toi pour absorber l'impact et laisse-toi rouler.

● Lorsque tu t'approches de l'extrémité du bloc, retire ton poids du pied avant pour terminer le slide et te retourner en position avant. Il est essentiel de dégager du bloc pour éviter d'en accrocher l'extrémité et de tomber.

● Penche-toi vers le nez et glisse avec autant de vitesse que tu le souhaites. Tu amélioreras probablement ton slide en cirant le rebord du bloc.

Une fois que tu es bloqué en noseslide et que tu as commencé à glisser le long du bloc, sers-toi de ton pied avant pour garder la position.

Atterris sur le bloc et bloque le nez sur le rebord en mettant le maximum de poids sur ton pied avant.

Accroupis-toi et exécute un ollie suffisamment élevé pour que le nez soit au niveau du bloc. Pendant que tu es dans les airs, tourne les épaules sur 90 degrés pour être à angle droit par rapport au bloc.

Approche-toi du bloc avec ton corps face au côté pour glisser et les pieds en position ollie. Visualise ton point de décollage pour être en mesure de te bloquer en noseslide.

frontside smith grind

C'est une autre variante du grinding de base. Le frontside smith est semblable aux techniques du 50 et du feeble grind.

Par contre, l'accent est mis sur le pied arrière. Pratique-toi et tu maîtriseras facilement cette figure.

● Atterris sur les quatre roues et plie les genoux pour absorber l'impact. Redresse-toi en position debout et éloigne-toi.

● Lorsque l'axe arrière quitte le bloc, soulève ton pied avant et quitte le bloc. Tu dois te concentrer pour que la planche reste au niveau dans les airs.

● Glisse aussi longtemps que ta vitesse te le permet. Lorsque tu atteins l'extrémité du bloc, visualise que tu réalises un faible ollie avec ton pied. Ceci te permettra de terminer le smith grind.

● Continue d'appuyer sur ton pied arrière tout en pointant ton pied avant légèrement vers le bas. La technique est quelque peu difficile à maîtriser. Tu as donc tout intérêt à la pratiquer jusqu'à ce que tu soit confiant pour l'atterrissage en smith, chaque fois.

■ **atterris** ◀ **ollie** ◀ **grind** ◀ **bloque en smith**

Atterris avec seulement l'axe arrière bloqué sur le le rebord «grind» et ton pied avant pointant vers l'avant et vers le bas. Pendant ce temps, transfère la majorité de ton poids au pied arrière pour commencer à grinder.

Pendant que tu te soulèves au-dessus du bloc, visualise ton atterrissage en position smith. Le poids doit être parfaitement réparti entre tes pieds à ce stade. Sinon, tu t'arrêteras net.

Accroupis-toi et prépare-toi à sauter avec les pieds en position ollie. Comme c'est le cas pour toutes les figures de grinding, ton ollie doit être suffisamment élevé pour t'amener au-dessus du bloc.

Roule pour t'approcher du bloc à vitesse modérée. Si tu avances trop lentement, l'axe arrière collera et tu ne pourras grinder.

exécute ◀ accroupis-toi ◀ roule ◀ ■

avancé
frontside nosegrind

C'est une autre variante du grinding qui emprunte des éléments aux techniques du ollie et du nose-manual.

La vitesse et l'équilibre sont essentiels puisqu'il est très facile de rester collé lorsque l'on essaie le nosegrind.

● Roule à vitesse rapide vers le bloc, avec tes pieds en position ollie. Visualise le grinding avec l'axe avant pendant que tu retrouves ton équilibre.

● Accroupis-toi et exécute un ollie en visualisant dans ta tête l'endroit où tu effectueras le grind. Te devras te concentrer sur ton pied avant. Celui-ci doit demeurer carrément sur le nez pendant l'atterrissage.

● Exécute un ollie et pointe ton pied avant vers le bas pour atterrir et qu'uniquement l'axe avant soit en contact avec le rebord 'grind'. Tu auras peut-être plus de facilité en visualisant un atterrissage en nose-manual.

● Atterris avec la majorité de ton poids sur le pied avant et sers-toi de ton pied arrière pour l'équilibre. Ta vitesse avant devrait être suffisante pour que tu puisse grinder le long du bloc sur l'axe avant à une vitesse confortable.

Sers-toi de tes bras et de ta jambe arrière pour te tenir en position nosegrind et continue à progresser le long du rebord «grind» aussi long-temps que ta vitesse te le permet.

Lorsque tu arrives à l'extrémité du bloc, tu dois décider si tu termines le nosegrind avec un grind pour quitter le bloc (idéal pour les débutants) ou en exécutant un nollie tout en effectuant un grind avant la fin.

Lorsque tes roues arrière quittent l'extrémité du bloc, commence à niveler ta planche pour préparer ton atterrissage. Tu dois soulever ton pied avant en terminant ton grind pour garder la planche au niveau.

Atterris sur les quatre roues et plie les genoux pour absorber l'impact de l'atterrissage. Redresse-toi progressive-ment en position debout et laisse-toi rouler.

▶   **grind**   ▶   **descend**   ▶   ■

crooked grind

Le crooked grind ou crooks est une variante du nosegrind puisque tu exécutes le grind à un angle légèrement tordu par rapport au bloc. Comme c'est le cas avec le nosegrind, tu dois réellement te concentrer pour apprendre à bloquer la position de ton corps.

● Roule à vitesse modérée vers le bloc, avec les pieds en position ollie. Tu devrais être presque parallèle au bloc lorsque tu t'en approches. Visualise tes mouvements en te préparant à exécuter la figure.

● Acroupis-toi et exécute un ollie. Tout comme c'est le cas du nosegrind régulier, tu dois atterrir avec la majorité de ton poids sur ton pied avant. Ne l'oublie pas et veille à ce que ton pied soit sur le nez.

● Atterris avec l'axe avant sur le grind et ton pied légèrement appuyé côté talon. Tu dois te bloquer dans cette position qui s'avère une mélange de noseslide et de backside nosegrind.

● Place la majeure partie de ton poids sur l'axe avant et sers-toi de ta jambe arrière pour guider ton grind. Évite de trop te pencher vers l'avant et sers-toi de tes bras pour ne pas perdre l'équilibre.

■ ▶ **exécute** ▶ **pointe le pied avant** ▶ **atterris**

Garde cette position et laisse-toi grinder aussi longtemps que possible. Garde ton poids sur le pied avant et préserve ton équilibre.

Lorsque tu approches de l'extrémité du bloc, prépare-toi à exécuter un nollie pour terminer le crooked grind. Il n'est pas nécessaire d'exécuter un nollie ; tu n'as qu'à réaliser les mouvements d'un nollie avec tes pieds.

Essaie de terminer ton grind lorsque l'axe avant quitte le bloc. Fais le mouvement d'un nollie et ton élan devrait faire le reste. Reste au niveau dans les airs.

Atterris sur les quatre roues en fléchissant les genoux. Reprend ta position debout et laisse-toi rouler.

▶ **grind**   ▶ **prépare**   ▶ **atterris**   ▶   ■

backside tailslide

C'est probablement la plus difficile et la plus gratifiante des figures de slide jusqu'à maintenant. Le backside tailslide est un critère de contrôle de la planche et de style. Lorque tu les auras maîtrisés, tu seras sur le point d'être un skater des plus compétents.

● Roule à une vitesse modérée vers le bloc, avec tes pieds en position ollie. Place ton pied arrière sur le rebord de la queue pour obtenir une exécution adéquate et pouvoir contrôler la position de la queue pendant le ollie.

● Acroupis-toi et prépare-toi à exécuter un ollie. Au même moment, visualise ta position backside tailslide. Tu dois commencer ton ollie comme si tu étais sur le point de réaliser un backside 180 ollie.

● Lorsque tu exécutes ton ollie, tourne tes épaules sur 90 degrés, en t'assurant que la queue est au-dessus du bloc. Guide ta planche sur les 90 degrés avec ton pied pour être prêt à bloquer la queue sur le bloc.

● Atterris avec la queue bloquée sur le rebord du bloc et pointe les orteils de ton pied arrière pour contrôler ton slide. Assure-toi d'être bien bloqué et équilibré.

■ ▶ **accroupis-toi** ▶ **exécute** ▶ **bloque la queue**

Penche-toi légèrement vers l'arrière pour t'aider dans ton slide pendant que tu continues de placer la majorité te ton poids sur la queue. Sers-toi de ton pied avant pour guider ton slide.

Glisse jusqu'à ce que tu commences à perdre de la vitesse. Lorsque tu atteins l'extrémité du bloc, tourne tes épaules et hanches pour quitter le bloc face vers l'avant. Tu peux terminer la figure en réalisant le mouvement d'un ollie en relâchant la queue.

Essaie de t'assurer que tu atterriras tout à fait vers l'avant et en équilibre. Accroupis-toi pour absorber l'impact et garde les bras ouverts pour rester en équilibre.

Étire-toi graduellement en position debout et laisse tomber les bras sur les côtés.

▶ **glisse**　　　　▶ **termine**　　　　▶ **accroupis-toi**　　　　▶　　　　■

avancé backside kickflip

Cette figure est une combinaison de backside 180 ollie et de kickflip. Porte une attention particulière au point où tu attrapes le flip dans les airs. C'est ce qui déterminera la pureté de ton atterrissage.

● Roule vers l'avant à vitesse modérée, avec tes pieds en position de kickflip. Tu trouveras peut-être utile d'incliner légèrement ton pied arrière côté orteils lorsque tu t'exécutes.

● Acroupis-toi et prépare-toi à faire sauter la queue. Ce faisant, n'oublie pas que tu vas bientôt tourner en position backside. Commence à tourner tes épaules vers ton backside lorsque tu commences la figure.

● Fais sauter la queue tout en faisant basculer ton pied avant pour amorcer le flip. Ce faisant, tourne tes épaules en direction backside pour que ta planche tourne et flippe du même côté.

● Ta planche devrait maintenant être à mi-flip, à un angle de 90 degrés de ta position de roulement originale. Essaie de ne pas flipper sur 180 degrés puisque cela affaiblira ton contrôle du mouvement.

■ ▶ **exécute** ▶ **flip** ▶ **tourne sur 90 degrés**

Attrape la planche avec tes pieds alors que la bande de retenue réapparaît sous toi. C'est la partie cruciale : lorsque tu attrapes la planche à 90 degrés, tourne tes épaules pour terminer le virage de 180 degrés avec ta planche sur les pieds.

Atterris de dos avec ton poids bien réparti entre les deux pieds. Tu devras peut-être faire glisser un peu tes roues arrière pendant que tu atterris pour t'assurer que la portion backside-180 de la figure est réussie.

Déplie les genoux et sers-toi de tes bras pour t'équilibrer. Roule de dos jusqu'à ce que tu te sentes en équilibre.

Effectue un kickturn sur tes roues arrière pour te retrouver de face à nouveau. Continue de pratiquer jusqu'à ce que tu maîtrises la technique flip-catch-turn.

▶ **attrape**　　　▶ **atterris**　　　▶ **kickturn**　　　▶　　　■

tres flip *avancé*

Le tres flip est une variation perfectionnée du plus fondamental pop shove-it flip montré aux pages 50 et 51. La technique est tout à fait la même, à l'exception qu'avec le tres flip, ta planche flippe en tournant sur 360 degrés plutôt qu'avec une rotation de 180 degrés du pop shove-it flip.

● Roule vers l'avant à une vitesse modérée avec ton pied arrière sur la queue et les orteils dépassant légèrement du bord. Garde ton pied avant incliné pour un kickflip, mais place-le un peu plus vers l'arrière que s'il s'agissait d'un kickflip régulier.

● Le tres flip exige deux mouvements distincts. Au lieu de faire sauter la queue, tu dois faire sauter et racler la queue avec tes orteils pendant que la planche flippe avec ton pied avant. Visualise ce que tu souhaites que ta planche réalise.

● Frappe le rebord de la queue côté orteils sur le sol pour que la queue commence sa rotation de 360 degrés. Lorsque tu frappes la queue, fais basculer avec ton pied avant pour que la planche commence aussi à flipper.

■   ▶   **place tes pieds**   ▶   **accroupis-toi**   ▶   **exécute**

● Ta planche devrait commencer à flipper en tournant ; tu dois donc sauter assez haut pour te laisser suffisamment d'espace.

● Tu verras la bande de retenue réapparaître lorsque la planche complètera sa rotation et son flip de 360 degrés. Prépare-toi à attraper la planche d'abord avec ton pied avant.

● Attrape la planche avec ton pied avant pour qu'elle cesse de tourner et de flipper. Guide ta planche dans une position à niveau avec ton pied avant et place ton pied arrière sur la planche.

● Lorsque tu retombes, assure-toi que tes deux pieds sont placés au-dessus des boulons des axes et que la planche soit à niveau. Aterris élégamment sur les quatre roues. Accroupis-toi pour absorber l'impact, redresse-toi et laisse-toi rouler.

▶ **flip**   ▶ **attrape**   ▶ **atterris**   ▶   ■

nollie flip

Le nollie flip est en fait un switchstance fakie flip. Tu as donc tout intérêt à visualiser ceci alors que tu apprends le timing et la technique. Concentre-toi sur le perfectionnement de tes nollies avant de commencer à travailler sur cette figure.

Roule vers l'avant avec les pieds en position nollie et ton pied arrière légèrement incliné pour aider le flip. Tu auras besoin de temps et de persévérance pour maîtriser la portion saut du nollie flip.

Accroupis-toi et prépare-toi à exécuter un nollie avec ton pied avant tout en flippant la planche avec ton pied arrière. Assure-toi d'exécuter un nollie suffisamment élevé pour pouvoir flipper avec aisance.

Lorsque le nez de la planche heurte le sol, commence à incliner ton pied arrière. Place les orteils de ton pied arrière à l'extrémité de la planche et un peu à l'extérieur, côté talon. Cela devrait te permettre de donner un kickstart à ton nollie flip.

▶ **roule**　　　▶ **accroupis-toi**　　　▶ **nollie**

Une fois que tu as basculé avec ton pied arrière, saute au-dessus de la planche et assure-toi que tes pieds ne sont pas dans le chemin. Surveille la bande de retenue qui apparaîtra derrière toi et fais une pause, en étant prêt à agripper la planche avec tes pieds.

Alors que tu vois la planche compléter le flip, attrape-la d'abord avec ton pied avant. Guide ta planche pour que tu puisses replacer ton pied arrière alors que tu es à niveau dans les airs.

Atterris sur les quatre roues en gardant tes pieds sur les boulons des axes. Accroupis-toi pour absorber l'impact et sers toi de tes bras pour l'équilibre.

Redresse lentement les genoux et le corps, puis tiens-toi debout sur ta planche. Laisse-toi rouler, l'air victorieux.

▶ **flip**   ▶ **attrape**   ▶ **atterris**   ▶   ‖

nollie heelflip

C'est la variante heelflip du nollie flip expliqué à la page précédente. Comme c'est le cas du nollie flip, tu as avantage à visualiser la réalisation du switchstance fakie heelflip afin de comprendre le timing nécessaire à la réalisation de cette figure.

● Roule vers l'avant avec ton pied avant en position nollie et ton pied arrière juste au-dessus des boulons de l'axe, en angle heelflip. N'oublie pas que pour réaliser un nollie heelflip bien stylisé, tu dois exécuter un nollie avec un bon élan.

● Acroupis-toi et prépare-toi exécuter le nollie. Visualise l'élan, le saut et le heelflip avec ton pied arrière, pendant l'approche.

● Frappe le nez sur le plancher et bascule ton pied arrière vers le rebord, côté talon, de la queue. La planche devrait alors commencer, sous toi, le heelflip.

○ Reste au-dessus de ta planche et tente de demeurer au niveau dans les airs. Idéalement, ta planche devrait tourner de façon contrôlée.

○ Lorsque la bande de retenue réapparaît sous toi, attrape la planche avec tes deux pieds. Essaie de positionner tes pieds au-dessus des boulons des axes aux deux extrémités. Lorsque tu attrapes ton nollie heelflip, assure-toi que ta planche est toujours au niveau.

○ Atterris simultanément sur les quatre roues en t'assurant que tes pieds sont fermement placés au-dessus des boulons d'axes. Comprime pour absorber l'impact.

○ Équilibre-toi avec les bras et commence à te redresser en position debout tout en roulant.

▶ **heelflip**   ▶ **attrape**   ▶ **atterris**   ▶   ■

indy grab

Une fois les figures sur terrain plat maîtrisées, tu peux passer aux figures sur rampe. L'indy grab a été inventé par Duane Peters. La rampe donne plus de hauteur et de distance à ton ollie, tu as donc suffisamment de temps dans les airs pour réaliser un grab aussi parfait que confortable.

- Roule à vitesse modérée vers la rampe, avec tes pieds en position ollie. Tu devras rouler beaucoup plus vite pour te permettre de t'élancer dans les airs.

- Assure-toi que tu frappes le bas de la rampe en position bien centrée. Alors que tu gravis la rampe, visualise le point de décollage. Accoupis-toi et prépare-toi à exécuter un ollie.

- Roule sur la rampe jusqu'à ce que tes roues quittent la surface. Ce faisant, élance la queue et lance-toi dans les airs et vers l'avant pour la réalisation du ollie.

- Guide ton ollie jusqu'à son sommet en utilisant ton pied avant pour maintenir la planche à niveau, lorsque tu atteins le point le plus élevé. Ce faisant, tu dois abaisser ta main d'appui vers le rebord côté orteils de ta planche, prêt à l'aggriper.

■ ▶ **approche**   ▶ **accroupis-toi**   ▶ **exécute**   ▶ **aggripe**

Aggripe la planche au point le plus élevé de ton ollie et redresse ta jambe avant tout en fléchissant ta jambe arrière. Ceci poussera ta planche vers le bas, au niveau du nez. C'est ce qu'on appelle «tweaking» (tordre) lorsqu'il est question de grab.

Le «tweak» doit être rapide et réalisé à la toute fin du ollie. Relâche le grab lorsque tu atterris sur le sol. Assure-toi d'un bon timing pour éviter d'atterrir avec trop de poids sur l'avant de ta planche.

Lorsque tu retombes, concentre-toi pour garder ta planche au niveau. N'oublie pas que tu devras absorber un impact beaucoup plus grand puisque tu tombes de plus haut.

Atterris sur les quatre roues et penche-toi pour contrôler l'atterrissage. Relève-toi et laisse-toi rouler.

▶ **tweak**　　　▶ **relâche**　　　▶ **atterris**　　　▶　　　■

melancholy

La technique de base du melancholy ou backside grab est semblable à celle de l'indy grab. Ici, tu dois aggriper la planche avec ta main avant du côté talon de ta planche.

● Roule à une vitesse modérée vers la rampe, les pieds en position ollie. Aligne bien ton approche pour capter le centre de la rampe. Visualise ton point de décollage lorsque tu t'en approches.

● Lorsque tu t'approches de la rampe, commence à t'accroupir et prépare-toi à exécuter un ollie.

● Élance la queue lorsque les roues avant quittent la rampe. Transpose le poids de ton corps sur le ollie en ramenant ta main d'attaque derrière ton pied avant, prêt à aggriper le backside.

● Guide ton ollie vers son sommet à l'aide de ton pied avant tout en relevant ta jambe arrière. Lorsque tu atteins le sommet, aggripe le côté talon de ta planche avec ta main d'attaque.

■ ▶ **roule**   **accroupis-toi**   ▶ **exécute**   ▶ **aggripe**

Aggripe fermement ta planche et redresse ta jambe avant pour donner un «tweak» au melancholy. tu dois replier ta jambe arrière sur ton thorax pour t'assurer que la planche demeure au niveau dans les airs.

Relâche le grab lorsque tu t'approches du sol. Tu dois aussi redresser un peu ta jambe arrière pour atterrir simultanément avec les quatre roues.

Atterris au niveau et comprime ton corps pour absorber l'impact. Sers-toi de tes bras pour maintenir l'équilibre.

Redresse-toi en position debout dès que tu te sens suffisamment stable.

▶ **tweak**　　　▶ **relâche**　　　▶ **atterris**　　　▶　■

tailgrab

Le tailgrab implique une technique identique aux deux autres grabs illustrés aux pages 86-87 et 88-89. Pour réaliser cette variante, tu dois aggriper la queue avec ta main d'appui. Tu auras plus de facilité si tu visualises le mouvement en t'approchant de la rampe.

Roule à une vitesse modérée vers la rampe, les pieds en position ollie. Assure-toi d'être bien placé pour accéder au centre de la rampe. Concentre-toi sur ton point de décollage alors que tu t'approches de la rampe.

Commence à t'accroupir et prépare ton ollie vers la rampe. Tes pieds doivent être parfaitement placés puisqu'il est extrêmement difficile d'en ajuster la position pendant que tu gravis la rampe.

Exécute ton ollie lorsque tes roues avant quittent la surface de la rampe et élance le poids de ton corps vers le haut. Guide ton ollie jusqu'à son sommet avec ton pied avant tout en collant ton pied arrière sur ton thorax.

Évite de laisser ton pied arrière traîner puisqu'il te sera trop difficile d'agripper la queue. Agrippe fermement la queue au milieu.

■ ▶ **roule**   **accroupis-toi**   ▶ **exécute**   ▶ **aggripe**

Effectue un tweak en redressant ton pied avant. Maintiens ton tailgrab jusqu'à ce que tu sentes que tu commences à retomber vers le sol. Relâche la queue et commence à redresser ta jambe arrière pour que ta planche demeure au niveau dans les airs.

Atterris simultanément sur les quatre roues en t'assurant que ton poids est uniformément réparti sur les deux pieds. Comprime pour absorber l'impact.

Déplie progressivement les genoux et redresse-toi sur la planche en utilisant le haut de ton corps pour t'équilibrer.

Immobilise-toi grâce à un dérapage de la queue sur le plancher. Fais rebondir la planche dans ta main et répète ensuite la figure avec plus de confiance!

▶ **tweak**　　　▶ **accroupis-toi**　　　▶ **roule**　　　▶　　　■

kickflip melancholy

C'est une combinaison des techniques de kickflip et d'ollie grab abordées dans les trois figures précédentes. L'accent est mis sur l'exécution d'un flip parfait pour quitter la rampe, pour ensuite rattraper la planche simultanément avec ton pied et ta main d'attaque.

● Roule à vitesse modérée vers la rampe, avec tes pieds en position kickflip. Assure-toi que ta ligne d'approche t'amène directement au centre de la rampe, puisque cette figure exige un timing parfait et une exécution non moins parfaite de l'élan et du basculement.

● Acroupis-toi et prépare-toi à réaliser un kickflip alors que tu gravis la rampe. Tu dois visualiser l'élan vers le flip aussi haut et pur que possible, ce qui facilitera le grab au sommet.

● Gravis le centre de la rampe et élance la queue lorsque tes roues avant quittent la surface. Bascule fermement ton pied avant et propulse-toi vers l'avant. N'oublie pas qu'une rotation lente du flip t'aidera à attraper la planche.

● Lorsque ta planche commence le flip, assure-toi que tu te trouve au-dessus d'elle, avec ta main d'attaque bien en place pour attraper la planche derrière ton pied avant, côté talon.

■ ▶ **accroupis-toi** ▶ **exécute** ▶ **flip**

Lorsque la bande de retenue réap-paraît sous toi, place ta main à l'endroit où ta planche devrait se trouver et grippe. Attrape la planche presque simultanément avec tes pieds. Redresse ton pied avant pour effectuer un tweak.

Relâche le grab lorsque tu perds de la vitesse et que tu t'approches du sol. Porte une attention particulière à la position de tes pieds et concentre-toi pour maintenir la planche au niveau.

Redresse légèrement ta jambe arrière pour niveller la planche lorsque tu retombes vers le sol. Sers-toi du haut de ton corps pour centrer le poids de ton corps sur tes deux pieds. Atterris sur les quatre roues en t'accroupissant pour absorber l'impact.

Redresse-toi progressivement sur ta planche alors que tu reprends contrôle et ralentis en effectuant un dérapage avec la queue.

▶ **attrape et tweak**   ▶ **relâche**   ▶ **atterris**   ▶   ■

index

remerciements

les éditeurs désirent remercier :
Chris Pulman chez Slam City Skates,
16 Neal's Yard, London WC2H 9DP
(www.slamcityskates.com), Vans Shoes,
Christian Stevenson, Tom Crowe,
Andy Evans, Ross McGouran,
Trevor Beasley, Samantha Bruce
et Jed Cullen.